2. Genehmigte Sonderausgabe 1989
Deutsch von Sigrid Eicher
Originalausgabe *My Modern World of Words*
© 1987 by Joshua Morris Publishing Inc.
Printed in ČSSR · ISBN 3.7735.7873.3

RUND UM DIE WELT IN STADT UND LAND

Mein schönstes Wörterbuch

In unserer Stadt gibt's viel zu sehen

Text und Illustrationen von
Robert Blake

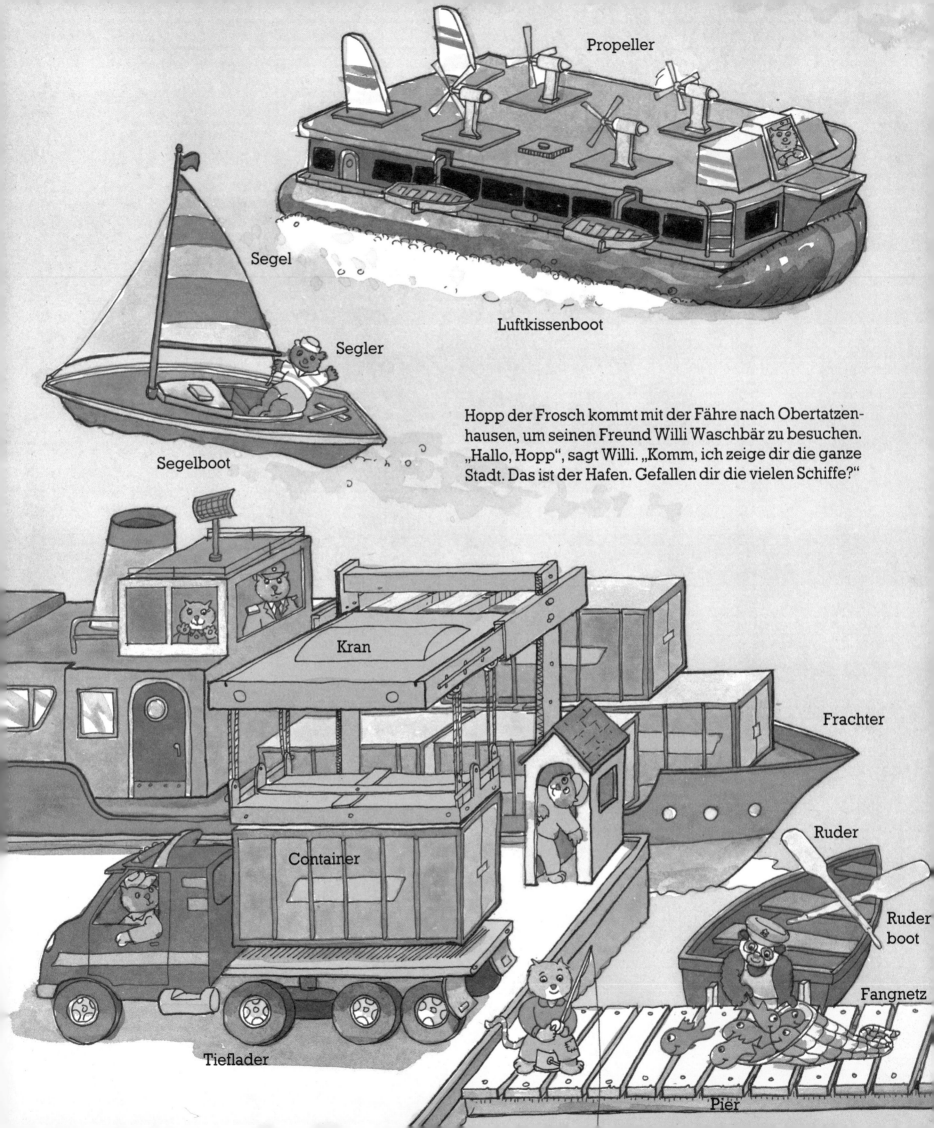

Propeller

Segel

Segler

Luftkissenboot

Segelboot

Hopp der Frosch kommt mit der Fähre nach Obertatzen-
hausen, um seinen Freund Willi Waschbär zu besuchen.
„Hallo, Hopp", sagt Willi. „Komm, ich zeige dir die ganze
Stadt. Das ist der Hafen. Gefallen dir die vielen Schiffe?"

Kran

Frachter

Ruder

Container

Ruder
boot

Fangnetz

Tieflader

Pier

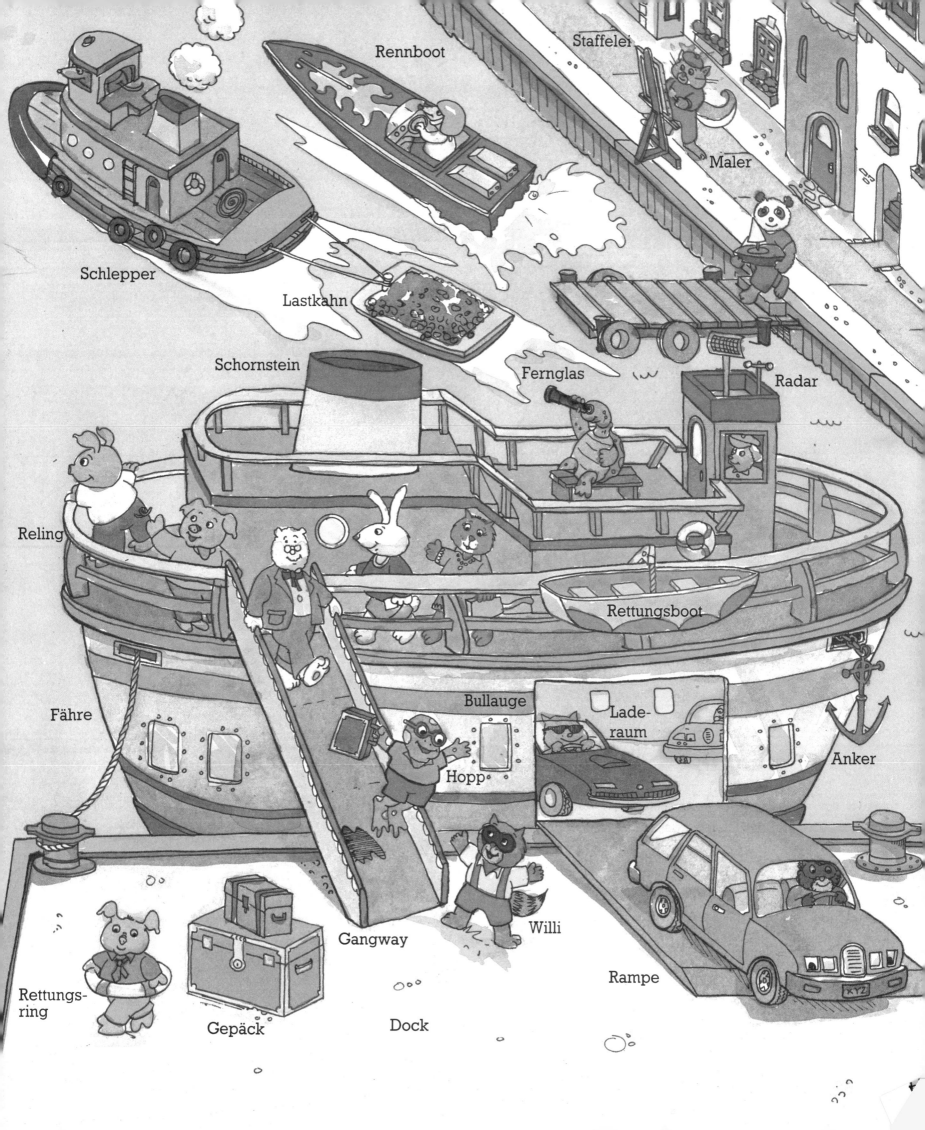

Rennboot

Staffelei

Maler

Schlepper

Lastkahn

Schornstein

Fernglas

Radar

Reling

Rettungsboot

Fähre

Bullauge

Lade-
raum

Anker

Hopp

Gangway

Willi

Rampe

Rettungs-
ring

Gepäck

Dock

Willis Papi fährt mit dem Auto in die Werkstatt zur Inspektion.
„Ist hier ein Betrieb!" staunt Hopp.
„Hoffentlich dauert es nicht zu lange", sagt Willis Papi.
„Können wir etwas zu trinken bekommen, während wir warten?"
fragt Willi.

Uhr

Werkstatt

Treibriemen

Schraubenschlüssel   Schraubenzieher   Zangen

Computer

Hebebühne

BENZIN

Zapfsäulen

Computer-
Ausdruck

Hopp

Helm

Motorrad

Willi

Kassen-
häuschen

EINFAHRT

WASCHA

PREISE

abstauben

Angestellter

Räder säubern

abseifen

schmutziges Auto

Wurzel-
bürste

Bordsteinkante

Staub-
sauger

Schlauch

Abfalltonne

Kehrschaufel

Willis Papi läßt noch den Wagen waschen, bevor sie heimfahren.
Hopp und Willi bleiben im Wagen, während er durch die Waschanlage
gezogen wird.
„Vergiß nur nicht, dein Fenster hochzukurbeln, Willi", lacht Hopp.

„Papi, wir haben Hunger!" sagt Willi,
als sie weiterfahren.
Sie fahren zu einem Restaurant, wo man
bestellen und sein Essen abholen kann,
ohne auszusteigen.

SCHNELL

Kasse

Kassier

Ausgabe-
schalter

Tieflader

Wohnmobil

Bank

Gras

Sonnenschirm

Tisch

KEREI FLECK & Co.

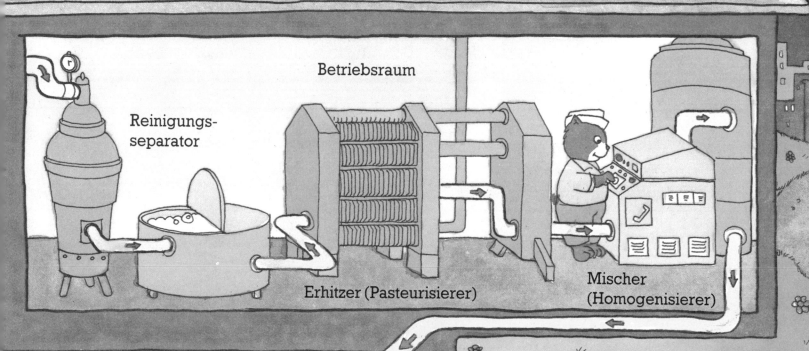

Betriebsraum

Reinigungs-
separator

Erhitzer (Pasteurisierer)

Mischer
(Homogenisierer)

ZENTRUM

Stapelraum

Kühlraum

astenstapler

Handkarren

„Wie wär's mit Nachtisch?" fragt Willis Papi.
Er nimmt sie mit zu der Molkerei, in der er arbeitet.
Dort bekommen sie Eis!

Im Labor erzählt ihnen Herr Spitzohr, was hier
gemacht wird: Wenn er die Milch untersucht hat,
wird sie in den Silo gepumpt, gereinigt und gemischt.
Dann wird sie abgefüllt, gekühlt und in die Stadt
gebracht, damit die Kinder immer frische Milch
haben.

MOLKEREI
FLECK & CO

Milchmann

Lieferwagen

Monitorzentrale

Spielzimmer

Stationszimmer

Schwester

Arzt außer Dienst

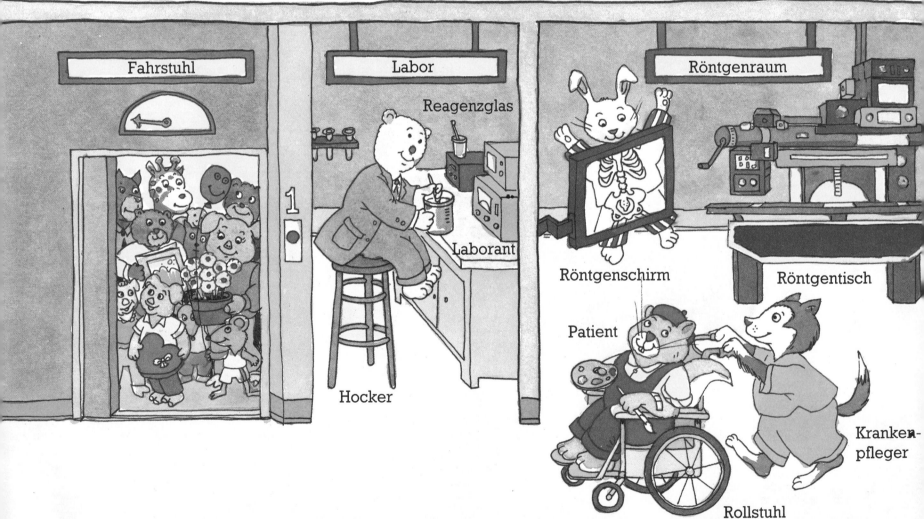

Fahrstuhl

Labor

Röntgenraum

Reagenzglas

Röntgenschirm

Röntgentisch

Laborant

Patient

Hocker

Kranken-pfleger

Rollstuhl

Spiegel

Wasch-
becken

WC

Toilette

Fernseher

Hopp

Hansi

Tablett

Fieber-
kurve

Willi

Patientenzimmer

Auf dem Heimweg besuchen
sie noch ihren Freund Hansi im
Krankenhaus.
Die Ärzte und Schwestern sind
alle sehr beschäftigt.
Hopp und Willi bringen Hansi
Blumen und einen Luftballon mit,
und Hansi freut sich sehr, weil
ihm allein so langweilig ist.

Arzneischrank

Arzt
im
Dienst

Pforte

Untersuchungstisch

NOTAUFNAHME

Ambulanz

Sanitäter

„Schaut mal, ein Flohmarkt!" sagt Willis Papi. „Seht euch doch einmal um, während ich einen Parkplatz suche."
Willi ißt schon wieder Eis. Hopp probiert einen Cowboyhut. Huch! Viel zu groß!

Hemd

Badehosen

Hut

Rock

Schuhe

Schmuck

Lehn-sessel

Kasten-drachen

Schnur

Drachen

Arm-band-uhr

Kinder-sportwagen

Waschbecken

Blumen

Tischlampe

Stoppuhr

Fächer

Gemälde

Teppiche

Kommode

Standuhr

Schemel

Farb-
fernseher

Schöpf-
löffel

Willi

Fern-
bedienung

Kühlschrank

Eiswagen

Hopp

Schaukelpferd

Becken

Gitarre

Puppen-
haus

Schlagzeug

Rollschuhe

Videospiel

Puppe

Jo-Jo

Spielzeugverkäufer

Basketball

Ente zum Nachziehen

Metzgermeister

Würstchen   Salami   Fleischwurst

Kotletts

Schinken   Huhn   Steak

KONSERVEN

KASSE

Hopp

Willi

Einkaufs-wagen

Preisanzeige

Registrierkasse

Packerin

Kassiererin

Förder-band

Rechnungen

Karotten

Kasse

Einkaufs-tüte

Ei

Später gehen Hopp und Willi für Willis Mami im Super-
markt einkaufen. Willi packt eine große Tüte Mehl in den
Einkaufswagen.
„Wir brauchen noch Obst und Fisch", sagt Willi. „Ich seh'
sie", schreit Hopp. Siehst du sie auch?

Rauch

Feuerwehr- mann

Blinklicht

PAOLOS PIZZA

fahrbare Drehleiter

Sprung- tuch

Löschfahrzeug

Hydrant

Feuerwehrschlauch

BEREITSCHAFT

STADTPLAN

Feuersirene

FEUERWEHR

Willi

Hopp

Einsatzleiter

Sanitäter

Nachdem sie ihre Einkäufe abgeliefert haben, gehen Hopp und Willi spazieren. „Wo fahren nur all die Feuerwehrautos hin?" fragt Hopp.
„Zum Pizza-Restaurant", sagt Willi. „Sicher hat Paolo wieder eine Pizza anbrennen lassen."

Krankenwagen

Feueralarm

Sirene

Bank

Abfallkorb

In Willis Schule ist Tag der offenen Tür.
Hopp ist ganz begeistert, was es dort alles zu sehen gibt.
„Warte nur, bis du mein Klassenzimmer siehst", sagt Willi.

Gymnastikraum

Armtrainer

Pferd

Rektorzimmer

Zeugnis

Rektor

NDSCHULE

Zeitschriften

Schulbücherei

Regal

Kartei

Trittleiter

Bücher

Bücherkarren

Hopp

Willi

Schulbus

Wanduhr

Wandschrank

Rollo

Fenster

TtUuVvWwXxYyZz

Schallplatten

Platten-
spieler

Topf-
pflanzen

Stiefel

Kopf-
hörer

Tisch

Hopp

Haus-
aufgaben

Klassenbuch

Büchergestell

Stuhl

Globus

Kissen

In Willis Klassenzimmer gibt gerade Herr Weißbär Unterricht.
Willi zeigt Hopp, wie gut er rechnen kann. Hopp setzt sich
auf Willis Platz. Bei Herrn Weißbär macht das Lernen Spaß!

Aber noch schöner ist die Pause auf dem Schulspielplatz.
„Erst auf die Wippe", sagt Willi, aber Hopp will lieber
auf die Rutschbahn. Dann klettern sie um die Wette im
‚Affenkäfig'. Willi ist zuerst oben.

Trinkwasserbrunnen

Hüpfspiel

Papierflieger

Spielgerät

Ringe

Rutsche

Leiter

Kletternetz

Wippe

Schaukel

Schwinge

Abfalltonne

Affenkäfig

Willi

Ball

Sandburg

Kipp-laster

Sand

Hopp

Schaufel

Sandeimer

Sandkasten

Affenhaus

Aquarium

Fische

Aal

Tintenfaß

Papagei

Katze

Katzenkorb

Vogel-
stange

Küken

Meerschweinchen

Ameisen-
farm

Laufrad

Ungeziefer-
halsband

Hunde-
kuchen

Stinktier

Krokodil

Tarantel

Am Samstag machen sie einen Besuch in der Zoohandlung.
„Der Affe ist los", stöhnt der Zoohändler. „Rate mal, welches
Tier ich gern hätte", flüstert Willi.
„Welches denn?" fragt Hopp. „Den wild gewordenen Affen!"
lacht Willi.

Pumpe

See-
pferdchen

Schild-
kröte

Fußspuren

Zoo-
händler

Goldfisch

Goldfisch-
glas

Kasse

Willis Papi

Hopp

Willi

Huhn

Affe

Goldhamster

Schlange

Ratte

Eidechse

Vogelkäfig

BANK

Dreirad   Fahrrad

SPIELWAREN

Flugzeug

Roboter   Anhänger

APOTHEKE

Apotheker

Kreisverkehr

„Wohin gehen wir jetzt, Papi?" fragt Willi.
„Gehen wir doch in die Konditorei", schlägt Hopp vor und
leckt sich die Lippen. „Gut", sagt Willis Papi.
„Ich habe in der Hauptstraße noch Besorgungen zu machen."
„Können wir solange ins Kino gehen?" fragt Willi.
„Gute Idee", sagt Willis Papi.

Restaurant

Jogger

CAFÉ

Ober

ZOO
HANDLUN...

Zeitschriftenkiosk

STADTHALLE

FILM-THEATER

IN DER HAUPTROLLE: ROBERT ROTMAUS

Denkmal

Kino

Verkehrs-ampel

DAMEN-MODEN

Bus

Haltestelle

MOLKEREI FLECK & CO.

Zebra-streifen

Telefonzelle

KONDITOREI

Schachtdeckel

Warn-kegel

Willis Papi

Willi

Hopp

FILM THEATER

Projektor

Vorführraum

Verstärker

Kasten für Film

Vorführer

Filmspule

Treppe

„Da ist das Kino", sagt Hopp. „Prima! Es gibt *Superhase im Weltraum*", freut sich Willi, denn er schwärmt für Geschichten, die im Weltraum spielen. Kaum haben sie sich hingesetzt, da geht auch schon das Licht aus, und die Vorführung beginnt.

Kartenverkauf

Hopp

Willi

Popcorn

Säfte

Bonbons

Karte

Zuschauer

Vorraum

Direktor

Logenplätze

Vorhang

Geländer

AUSGANG

Balkon

Bühne

Leinwand

Sitze

Laut-
sprecher

Eingang

Zuschauerraum

Gang

Platzanweiser

Nach dem Kino gehen Hopp und Willi ins Schwimmbad.
Hopp hüpft sofort ins Wasser, aber Willi muß erst noch
einmal nach Hause laufen – er hat seine Badehose ver-
gessen!

Verwalter

Babyflasche

Rettungsring

Sonnenschirm

Tisch

Stuhl

Kinderbecken

Schwimm-
weste

Dusche

Sonnen-
brille

Hopp

SCHWIMMBAD

Steg

Willli

Handtuch

Imbiß-
stand

Umkleidekabinen

Trillerpfeife

Bade-
meister

Sonnenanbeter

Hochsitz

Liegestuhl

Einstieg

Schnorchel

Taucher-
brille

Pumpanlage

Schwimm-
flossen

Sprung-
brett

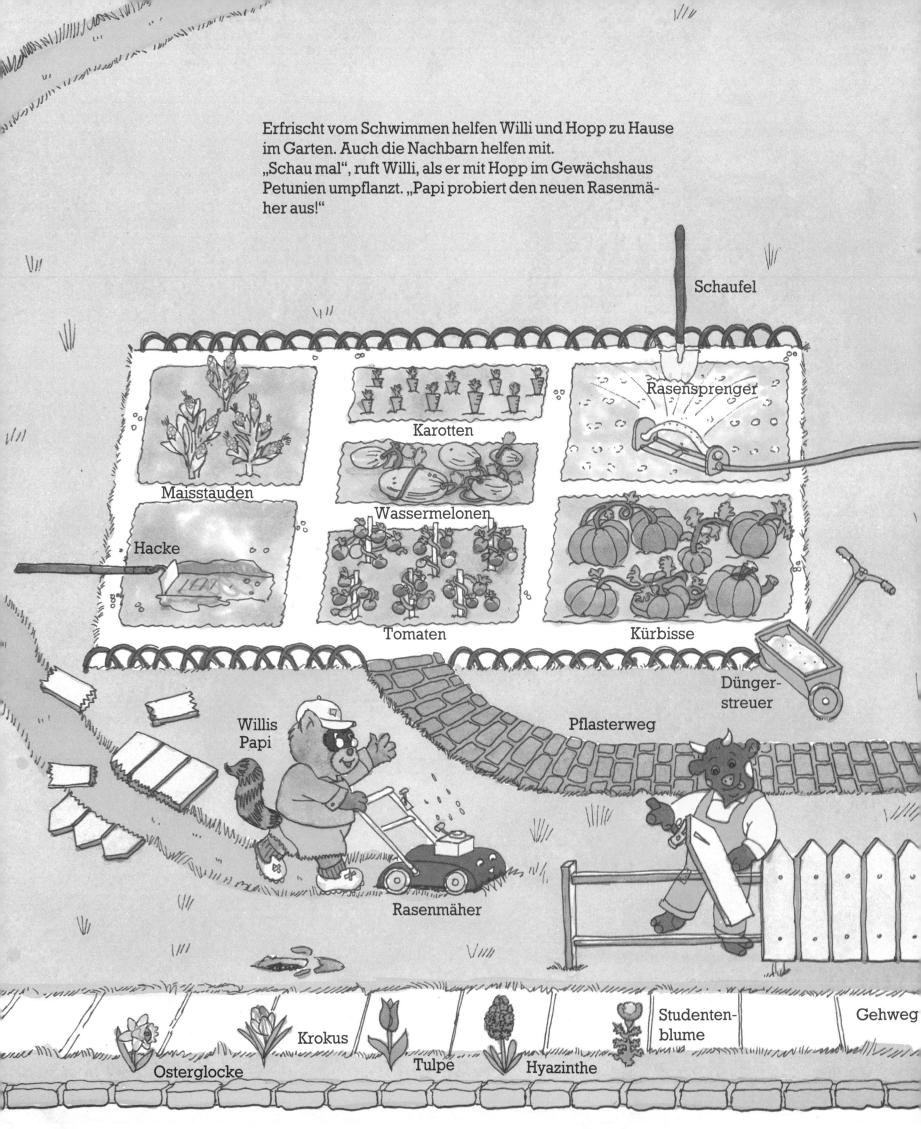

Erfrischt vom Schwimmen helfen Willi und Hopp zu Hause
im Garten. Auch die Nachbarn helfen mit.
„Schau mal", ruft Willi, als er mit Hopp im Gewächshaus
Petunien umpflanzt. „Papi probiert den neuen Rasenmäher aus!"

Schaufel

Rasensprenger

Karotten

Maisstauden

Wassermelonen

Hacke

Tomaten

Kürbisse

Düngerstreuer

Pflasterweg

Willis Papi

Rasenmäher

Osterglocke

Krokus

Tulpe

Hyazinthe

Studentenblume

Gehweg

Schubkarren

Wetterfahne

Garage

Gartenschlauch

Dachluke

Solarzellen

Regenrinne

Willi

Hopp

Garagentor

Regenrohr

Willis Mami

Gewächshaus

Mülltonne

Benzinkanister

Harke

Leiter

Zaun

Einfahrt

Gießkanne

Heckenschere

Hecke

Grasschere

Handbagger

Besen

Kehrschaufel

„Meine Tante Lilli baut ein Haus", erzählt Willi seinem
Freund Hopp. Die beiden gehen hin und schauen zu.
„Der Krach ist ja fürchterlich!" schreit Hopp.
„Ich glaube, Bauen ohne Lärm geht nicht", sagt Willi.

Dachziegel

Isolierung

Dachdecker

Zaun

Decken-
lampe

Kommode

Gitarre

Stockbett

Teppich

Zimmermann

Willi

Hopp

Erd-
geschoß

Tante
Lilli

Kundendienst-
mann

Kellertreppe

Ölheizung

„Da ist mein Freund Markus", ruft Willi. „Er baut ja auch! Das wird ein Baumhaus!" „Komm, wir helfen ihm", sagt Hopp, und sie laufen hinüber und machen mit. „Danke, daß ihr uns geholfen habt", sagt Markus. „Wollt ihr Mitglieder in unserem Club werden?" „Gern", sagt Hopp. „Dann habe ich wenigstens einen Grund, wieder herzukommen – zum Clubtreffen!"

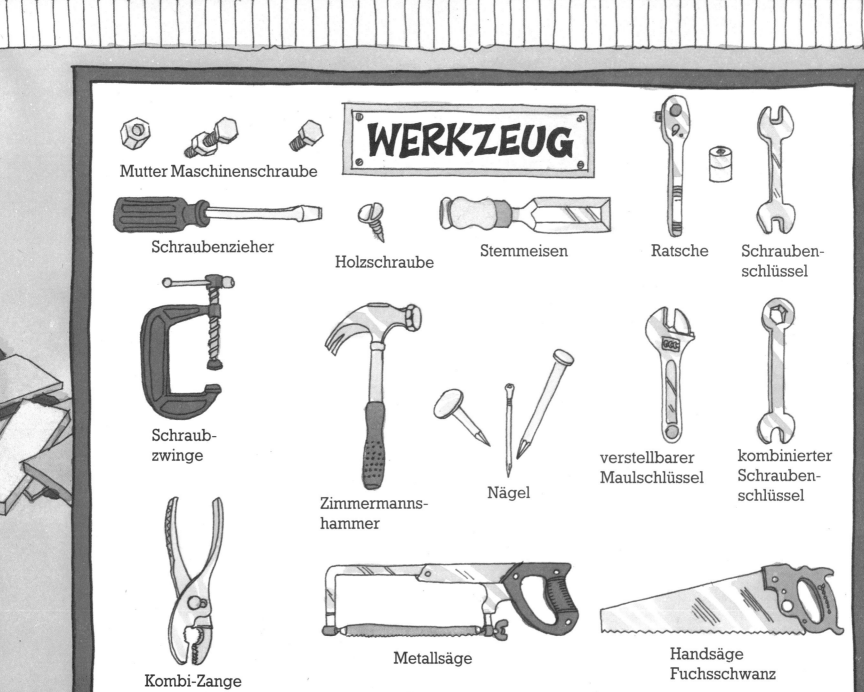

WERKZEUG

Mutter Maschinenschraube

Schraubenzieher

Holzschraube

Stemmeisen

Ratsche

Schraubenschlüssel

Schraubzwinge

Zimmermannshammer

Nägel

verstellbarer Maulschlüssel

kombinierter Schraubenschlüssel

Kombi-Zange

Metallsäge

Handsäge Fuchsschwanz

Winde

Dach

Baumhaus

Bandmaß

Säge

Hopp

Markus

Senkblei

Willi

Gehrungslade

Schaufel

Geheimgang

Bretter

Mein schönstes Wörterbuch

Von einem Ort zum andern

Text und Illustrationen von
David Gantz

Hanni Haas macht es Spaß, mit ihrem Eisauto spazierenzugehen, aber noch schöner ist es, sich vom echten Eismann eine Riesentüte Eis zu kaufen.

Lieferwagen

fahrbarer Kran

Sattelzugmaschine

Polizei-Motorroller

Krankenwagen

Liefer-Dreirad

Eisauto

GUCK MAL!
EIN EISAUTO,
GENAU WIE MEINES!

Pfadfinder

Hanni Haas

Hydrant

Spielzeug-Eisauto

Go-Kart

Möbelwagen

Polizeiauto

Verkehrs-
ampel

fahrbarer
Arbeitskorb

Polizist

Obst- und Gemüse-
verkaufswagen

Taxi

Bus

Auto mit
Heckklappe

Schulbus

Mimi Miez geht mit ihrer Mutter und ihrer kleinen
Schwester im Park spazieren. Viele, viele Kinder spielen
um sie herum.

Parkbank

Modellflugzeug

Eiswagen

Rollschuhe

Skateboard

berittener
Polizist

Pferd

Spielzeug-
laster

Fahrrad

gepflasterter Weg

Spielzeugauto

Die Feuerwehr macht eine Übung, damit im Ernstfall
alles klappt.
Walter Wau ist mit seinem Spielzeug-Löschfahrzeug
ebenfalls zur Stelle.

Rettungskorb

Hubsteiger

Notarztwagen

Polizeiauto

NOTARZT

Bahre

Auf der Hauptstraße bittet Berti Bär den Fahrer des Tanklastwagens, ihm Heizöl für seinen Spielzeug-Tanklaster abzugeben.

Hydrant

Mülltonne

Müllabfuhr

Schulbus

Heizöl-Tanklastwagen

Berti Bär

Fahrer

Timmi Maus

Spielzeug-Tanklaster

Dreirad

Postauto

Lieferwagen

MOEWE-TRANSPORTE

Möbelwagen

Kehrmaschine

Milchauto

MILCH

Kombiwagen

Schachtdeckel

Oldtimer

Parkuhr

Taxi

Walter Wau geht fragen, ob sein Spielzeug-Abschleppwagen bei der Tankstelle gebraucht wird.

Jeep

Wohnmobil

BENZIN

Tankschlauch

Benzin-Tanklastwagen

Kombiwagen

Monteur

Reifen

Sportwagen

Camping-Anhänger

Straßenwalze

Straßenbau-arbeiter

Radlader

Kies

Fässer

RECHTS FAHREN

Polizeiauto

Kabriolett

Tankzug

Hanni Haas steht am Strand und läßt ihren Spielzeug-Schlepper schwimmen.
Viele verschiedene Schiffe kommen vorbei.

Hausboot

Küstenwachboot

Fischkutter

Schlepper

U-19

Unterseeboot

Taucher-
glocke

Taucher

Wrack

Schatz

Sandburgen zu bauen ist lustig, aber aufregender findet es Berti Bär, mit seinem Amphibienfahrzeug durch den Sand zu laufen.

Segelboot

Schnellboot

Windsurfer

Tretboot

Surfbrett

Amphibien-
fahrzeug

Familien-
auto

Sand-
burg

Schaufel

Sand-
eimer

Berti
Bär

Spielzeug-Amphibienfahrzeug

Im Skiurlaub fährt Freddy Fuchs zusammen mit
zwei Schneemännern den Berg hinunter.

Skihütte

Hundeschlitten

Schneebus

JUCHH
LAUTER SKI
WIE MEINE

Schneemobil

Schlitten

Indianer-
schlitten

Rentier

Schlitten

Sessellift

Schneeraupe

Schneemann

Schnee-
fräse

Freddy
Fuchs

Skistöcke

Ski

Schnee-
mensch

tragbare
Anglerhütte

Schlittschuhe

Timmi Maus

Auto mit
Dachträger

Schneepflug

Berti Bär und sein Vater beobachten schon in aller Frühe, wie die Straße einen neuen Belag erhält.

Schotterverteiler

Hinterkipper

Bauleiter

Bauleiterwagen

Teermaschine

Gartenschlauch

Gehweg

Motorrasenmäher

Spielzeug-Walze

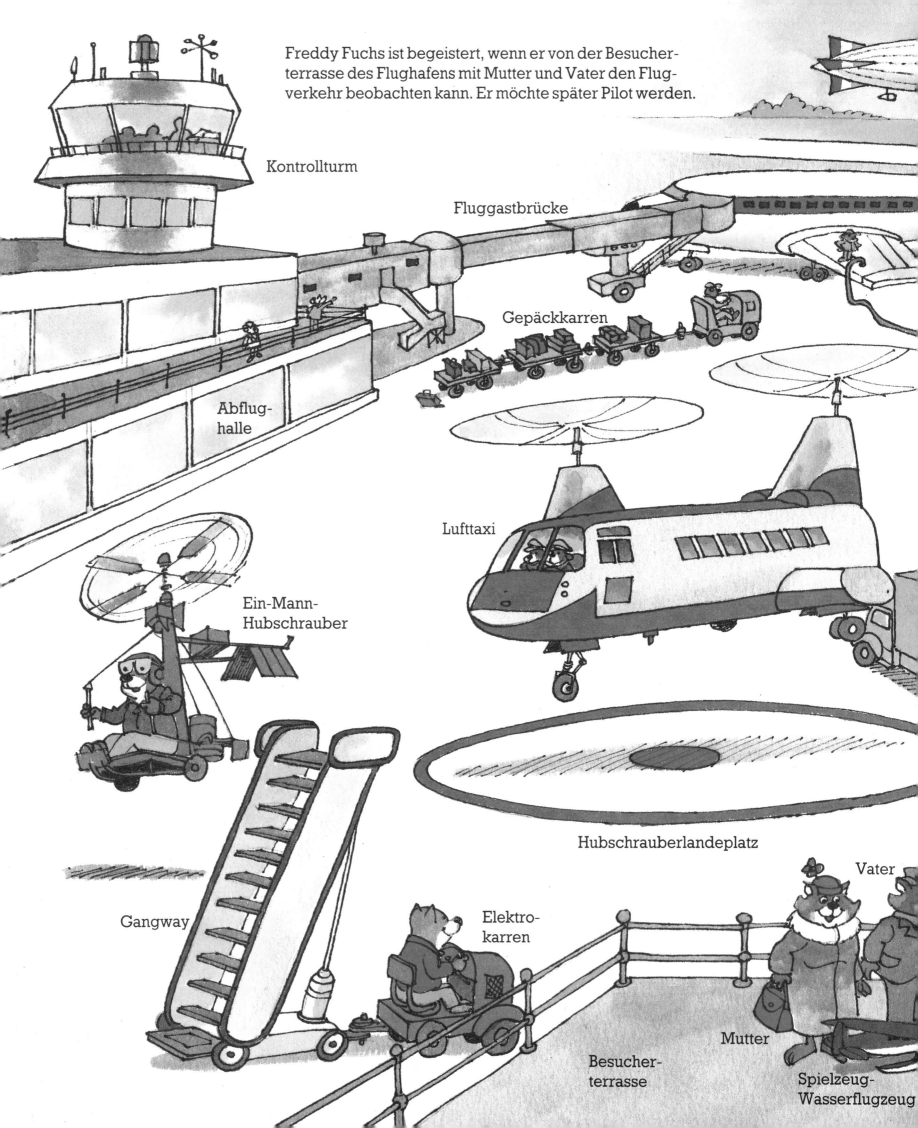

Freddy Fuchs ist begeistert, wenn er von der Besucher-
terrasse des Flughafens mit Mutter und Vater den Flug-
verkehr beobachten kann. Er möchte später Pilot werden.

Kontrollturm

Fluggastbrücke

Gepäckkarren

Abflug-
halle

Lufttaxi

Ein-Mann-
Hubschrauber

Hubschrauberlandeplatz

Vater

Gangway

Elektro-
karren

Mutter

Besucher-
terrasse

Spielzeug-
Wasserflugzeug

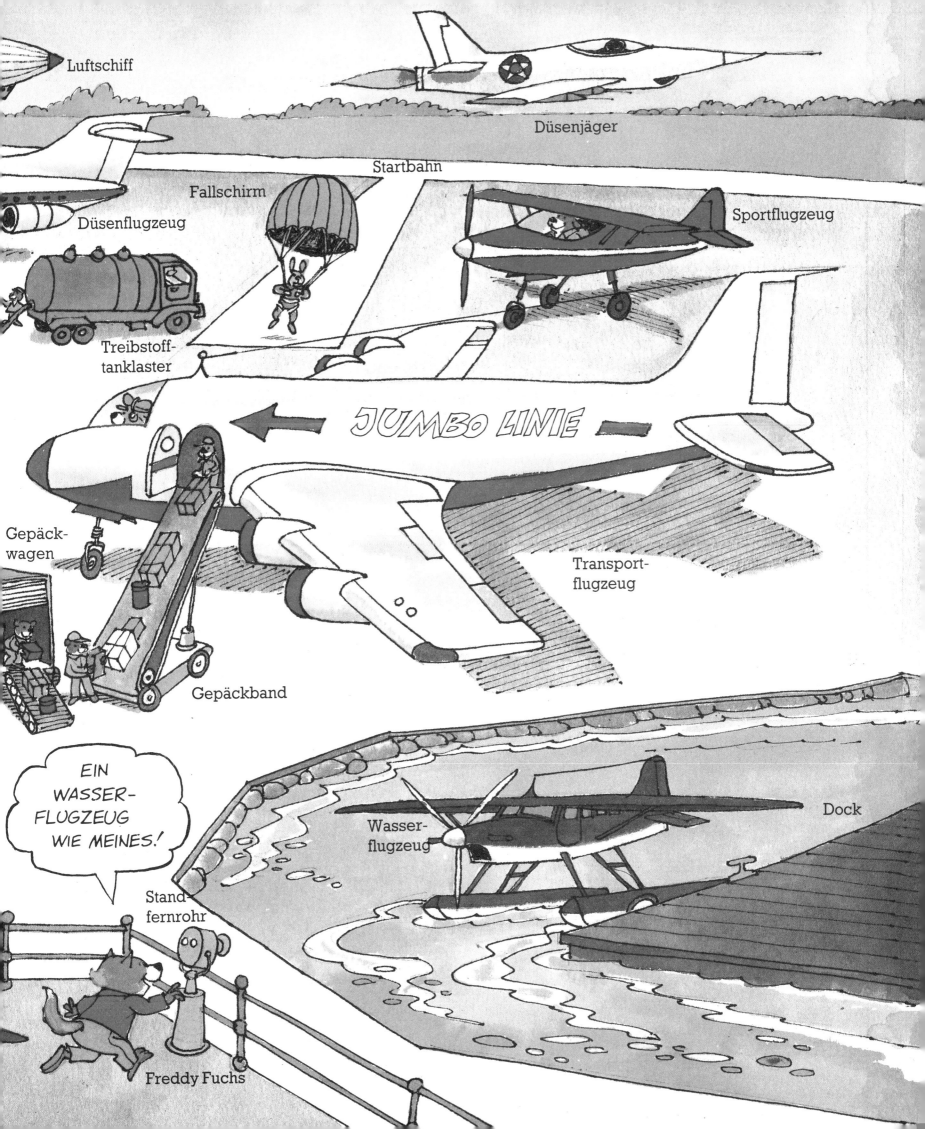

Berti Bär ist gern bei Bauer Petzold und sieht zu, wie all die verschiedenen Landmaschinen arbeiten.

Windmühle

Bauernhof

Wetterhahn

Silo

Mähdrescher

Scheune

Getreide

Getreidelaster

Wassermelonen

Kleinlaster
mit Anhänger

Pferd

Ziege

Huhn

Hahn

Hund

Katze

Küken

Muldenkipper

Gleich um die Ecke wird ein neuer Spielplatz gebaut.
Walter Wau nimmt seinen Spielzeugkipper mit hinüber
und bietet den Bauarbeitern seine Hilfe an.

Gerät zur Erdbewegung
(Scraper)

Schaffüße

Verdichter

Kies

Spielzeugkipper

Berti Bär nimmt seine Spielzeug-Dampflok mit, als er mit seinem Vater zum Bahnhof geht, um Tante Betty abzuholen.

Gehilfe

Maurer

Bauholz

Radlader

Transportbetonmischer

Sattel-
zugmaschine

Tief-
lader

Schaufel

Schub-
karren

Preßlufthammer

Kompressor

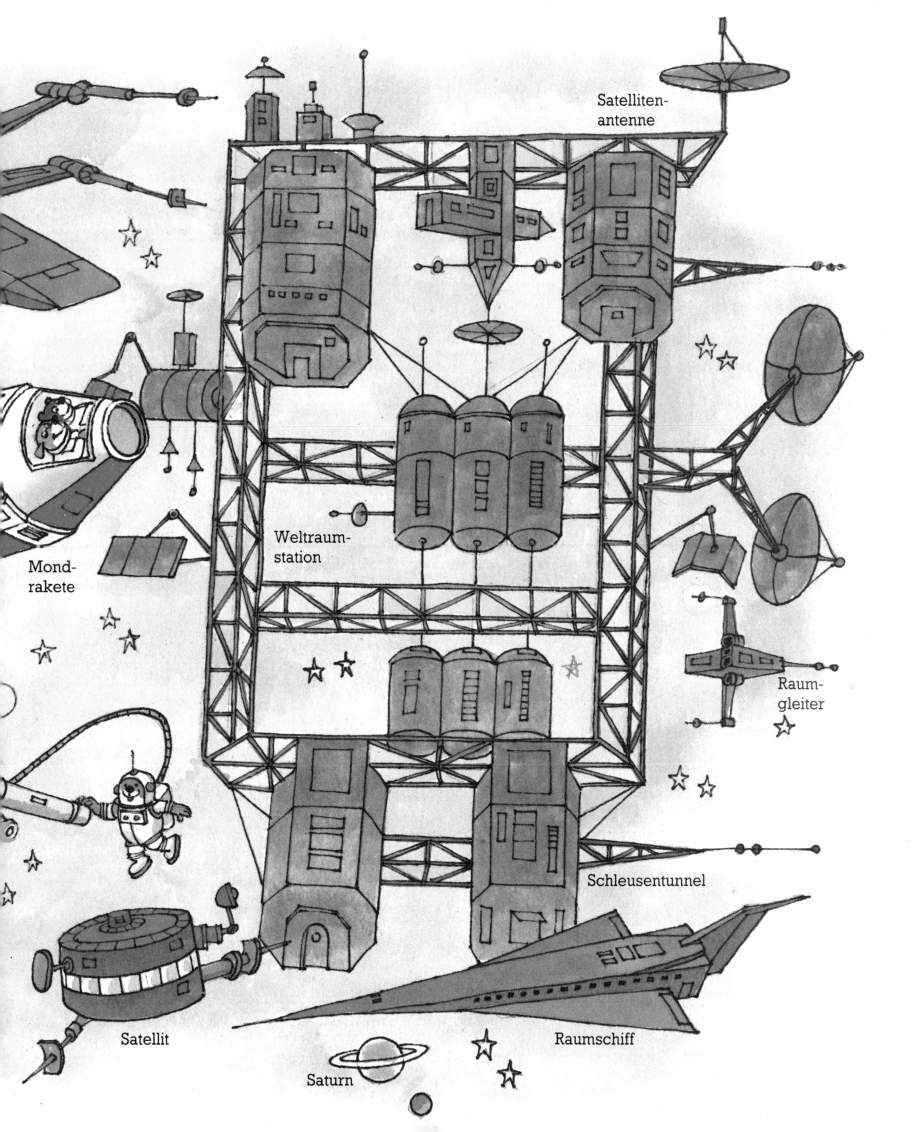

Satelliten-
antenne

Mond-
rakete

Weltraum-
station

Raumgleiter

Schleusentunnel

Satellit

Saturn

Raumschiff

Nachts träumt Berti Bär von den seltsamsten Fahrzeugen zu Lande, zu Wasser und in der Luft.

Berti Bär

Bertis Bett

Eulenluftschiff

Hausboot

fliegender Fisch

fliegendes Schiff

schwimmender Garten

Leiter

Timmi Maus

Jumbo-Spritzenwagen

Schwerlastflieger

Gockeljet

Krokoboot

Fisch

U-Hai

Wasserstrahl

Pinguinmobil

Käferauto

Mein schönstes Wörterbuch

Vier Freunde fliegen um die Welt

Text und Illustrationen von
David Gantz

Gleich beginnt das große Rennen rund um die Welt.
Der Start ist in Nordamerika. Oskar Hund und seine
Freunde Bommi Bär und Rosi und Ralf Haas können es
kaum erwarten, die vielen fremden Länder zu sehen.
„Viel Glück, Oskar!" ruft Bommi und winkt mit seinen
Motorflügeln.
„Wiedersehen im Ziel", gibt Oskar zurück und startet
seinen zuverlässigen kleinen Flieger. „Wann starten
wir endlich?" fragt Rosi voller Ungeduld.
Der Starter senkt die Flagge – los geht's!
„Guten Tag, schöne Welt – wir kommen!" jubelt Ralf,
als ihr Heißluftballon sich in die Lüfte erhebt.

Über dem Hafen von New York übernimmt Bommi die Führung. Rosi schaut zurück auf die Wolkenkratzer, aber am eindrucksvollsten findet sie die Freiheitsstatue, an der sie nun vorbeifliegen.

World Trade Center

Empire State Building

Chrysler Building

Wolkenkratzer

Schlepper

Lastkahn

Fähre

Freiheitsstatue

Liberty Island

Rosi Ralf Oskar

Bommi

Brooklyn

Brooklyn-Brücke

East River

Segelschiff

Docks

Küstenwachboot

Frachter

Jolle

Fischkutter

Graugänse

Als die Wettflieger über Ottawa, die Hauptstadt von Kanada, fliegen, patrouilliert gerade die berühmte berittene Polizei am Parlament vorbei.

Bommi

Ralf   Rosi

Oskar

kanadische Flagge

Parlament

berittene Polizei

Weiter nördlich kommen sie ins Indianerland.

Kopfschmuck

Wigwam

Berge

Totempfähle

Sie folgen dem Sankt-Lorenz-Strom bis nach Quebec.

Kirchturm

Oberstadt

Stadtmauer

Unterstadt

Sankt-Lorenz-Strom

Nach einem langen, langen Flug über den Atlantik erreichen die Freunde England. In London, der Hauptstadt, müssen sie sich erst einmal erholen und joggen über die altehrwürdige Tower-Brücke, die über die Themse führt.

Themse

Tower-Brücke

Schlepper

Doppeldecker-bus

Wach-häuschen

Die Beefeater, die Wächter des Towers, in ihrer alten Uniform betrachten sie sich genauer.

Beefeater

Ralf

Rosi

königliche Leibwache

Bommi

Oska

Als sie an Big Ben, dem Glockenturm des Parlaments, vorbeirollen, schießt Ralf plötzlich nach vorn. Das Rennen geht weiter!

Parlament

Rollschuhe

Fahrrad

Roller

Tower

Skandinavien erreicht Oskar als erster. Hier geht es in Rentierschlitten weiter über den glitzernden Schnee.

Bommi

eine Lappenhütte

Holzabfuhr mit Pferdeschlitten

Rosi und Ralf

Rentierherde

eine Lappenfamilie

Schneeschuhe

Rentier-schlitten

Oskar

Stabkirche

Troll

Gnom

Sie hören aufregende Geschichten von Trollen und Gnomen.

skandinavische Frauentrachten

In Norwegen fahren sie in Wikingerschiffen
an einem alten Fischerdorf vorbei.

Fischerdorf

Fjord

Fischerboote

Schiff von Rosi und Ralf

Oskars Schiff

Bommis Schiff

Galionsfigur

Wikingerschiffe

das schwedische
Schloß Kalmar

In Holland paddeln sie an Windmühlen vorbei und durch
einen der vielen Kanäle. Das Rennen ist im vollen Gang!

Nordsee

Wassermühle

Mühlrad

Brücke

Frachtkahn

Rosi und Ralf

Zuber

Oskar

Kanal

Floß

Windmühlen

Zug

Mole

Bommi

Schlauch

Rosi und Ralf

Oskar

Bis der Ballon repariert ist, machen sie Ausflüge in die Umgebung.

Deutschland überqueren sie wieder in der Luft – bis Rosis und Ralfs Ballon an einer Turmspitze hängen bleibt!

Bommi

Glockenturm

Schloßturm

Berge

Neuschwanstein, das Märchenschloß König Ludwigs II.

Laterne

Torbogen

Sie sehen sich das mittelalterliche Rothenburg ob der Tauber an.

Wald

Störche

Storchennest

In einer bayerischen Stadt sehen sie eine Blaskapelle vorbeimarschieren.

Efeu

Waldhorn

Posaune

Trommel

Trompete

Tuba

Blaskapelle

Brunnen

Dackel

In Paris, in Frankreich, unterbrechen
sie das Wettrennen und klettern auf
den berühmten Eiffelturm.

Rosi, Ralf,
Oskar und
Bommi

Heißluftballons

Luftschiff

Eiffelturm

Altstadt

Atelier

Markise

Poster-
Kiosk

Zum Spaß joggen sie durch den Arc de Triomphe.

Dann geht das Rennen in Booten auf der Seine weiter.

Seine

Kathedrale Notre-Dame de Paris

Künstler

Gemälde

Ruderboot

Picknick

Tretboot

Motorboot

Ralf

Rosi

Oskar

Bommi

Sie fliegen weiter in die Schweiz
und setzen das Rennen auf Skiern fort,
Bommi immer vornweg!

Wanduhr

Kuckucksuhr

Kaminuhr

Burg

Bergziegen

Genfer See

Matterhorn

die Alpen

Chalet

Schweizer Flagge

Alm

Wanderstock

Feuerholz

Dirndl

Alphorn

Schweizer Käse

In Italien fliegen sie
über Bauernhöfe und
Olivenhaine.

Olivenhain

Schafe

Kühe

Heuhaufen

Schmiede

Brunnen

Dorfkirche

Mais-
speicher

Prozession

Über Pisa führen Rosi und Ralf
in ihrem Ballon.

schiefer Turm von Pisa

Auch an dem berühmten antiken Kolosseum
in Rom fliegen sie vorbei.

Pappeln

Kirchturm

Bommi

Gondoliere

Frachtgondel

Oskar

Ralf

Rosi

Gondeln

In Venedig steigen sie um in Gondeln
und fahren den Canal Grande entlang.

Bommi

Ralf

Rosi

Oskar

Kopf an Kopf fliegen sie an dem spanischen
Schloß vorbei, in dem König Ferdinand und
Königin Isabella einst lebten.

Schloß

Türmchen

Plateau

Pappeln

Touristen

Brustwehr

hängende
Häuser

Felder in
Terrassen

Schäfer

Schafweide

Stier

Torero

Stierkampf-
arena

Tuch

Sie sehen sich einen Stierkampf an und gehen
auf einem spanischen Markt einkaufen.

Aquädukt

Windmühlen

Mandoline

Priester

Esels-
karren

Milchmann

Und weiter geht das Rennen:
Auf Kamelen schaukeln sie durch
Ägypten, vorbei an den Pyramiden
und antiken Ruinen.

Minarett

Moschee

Pyramiden

Sphinx

Oskar

Ralf

antike Ruinen

Bommi

Wüste

Kamel

In der Nähe von Kairo, der Hauptstadt, halten sie in einem kleinen Dorf auf dem Marktplatz an.

Apfelsinen

Bananen

Krüge

Rosi

Brot

Mais

Reissäcke

Esel

Fahrrad

Ochse

Im Innern von Afrika setzen die Freunde
das Rennen auf Elefanten fort.

Flamingo

Wildgänse

Kornspeicher

Schilfhütten

Giraffe

Bommi

Schafe

Hund

Zebra

Vogel Strauß

kleiner Reiher

Fisch

Nilpferde

Schimpansen

Kral

Trommeln

Ralf

Rosi

Butterfaß
aus Baumstamm

Oskar

Elefant

Pelikan

Krokodil

Über Indien fliegen sie wieder –
vorbei am berühmten Felsentempel
von Ajanta.

Felsentempel

Sari

Stadtmauer

Oskar

Sie halten an, um sich in Fahrradrikschas durch
einen indischen Markt fahren zu lassen.

Maharadscha

Maharani

Elefant

Rosi

Ralf

Händler

Fahrrad-
rikscha

Seilkletterer

Bommi

Zauberer

Kuppel

Für Rosi ist der Tadsch Mahal
das schönste Gebäude von allen.

Tadsch Mahal

Seil

Kobra

Korb

Pagode

In China holpern sie in Rikschas endlos
auf der Großen Mauer entlang.

Felder
in Terrassen

Oskar

Bommi

Rosi
und
Ralf

Jongleure

Rikscha

Akrobaten

Drachen

Heiligtum

Brückenzoll

Dorf

Ochsen-
karren

Wasser-
träger

Kai

Pandabären

In Japan fliegen sie über den Fudschijama, den heiligen Berg.

Rosi und Ralf

Oskar

Bommi

Fudschijama

Bauernhäuser

Reisbauern

Reisfelder

Onagadori japanischer Zierhahn

Bonsai-Bäumchen

Kimono

Sumo-Ringer

Später kommen sie an einem
buddhistischen Tempel vorbei.

Buddha

Tempel

Räuchervase

Schiedsrichter

Karpfenbanner

Schönschreiber
Kalligraph

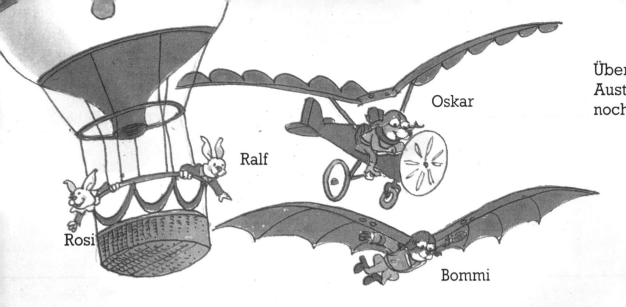

Rosi

Ralf

Oskar

Bommi

Über Sydney, der Hauptstadt von Australien, ist das Rennen immer noch unentschieden.

australische Flagge

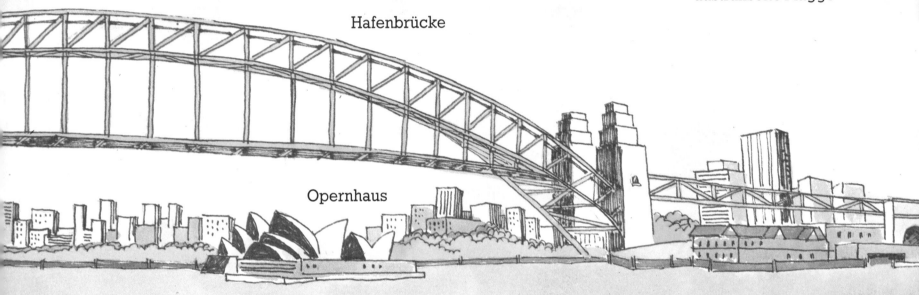

Hafenbrücke

Opernhaus

Hafen von Sydney

Fähre

Wappen von Australien

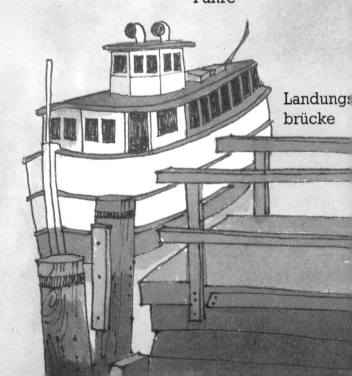

Landungsbrücke

Die vier Freunde unterbrechen das Rennen, damit sie einen Ausflug in den australischen Busch machen können.

Bumerangs

Eingeborenenschild

Dingos

Baobabs
Affenbrotbäume

Wallaby

Känguruhs

Kassuar

australische
Eidechse

Schnabeltier

Koalabär

Rieseneisvogel
Lachender Hans

In Mexiko halten sie kurz an
und besuchen ein Straßenfest.

Pinienhain

Rosi

Ralf

Kathedrale

Trompeter

Gitarrist

Geiger

Tortillas

Chilischoten

Mariachi-Kapelle

aztekische Ruinen

Dschungel

Oskar

Ballon-
verkäufer

Feuerholz

Bommi

Hühner

Ziegen

Tänzer

Töpferwaren